Mis dos almas

María del Pilar Reyes Rodríguez

©2023 María del Pilar Reyes Rodríguez

Publicaciones Librélulas
ann.martinez@live.com

Prólogo por Natalie A. Martínez Valles

Arte de portada por Héctor Torres Pérez
hectortorres8133@icloud.com

Crítica y colaboración por Patricia Schaefer Röder
siglema575.blogspot.com

Primera Edición: enero 2023

ISBN: 9798375039350

Se prohíbe la reproducción, traducción o apropiación ilegal de alguna parte o totalidad del texto, por cualquier medio: electrónico, mecánico, fotostático, grabación, o cualquier sistema de almacenamiento, sin la previa autorización del autor.

A mis dos amores, los motores que me impulsan:

Mi hija Loraine y mi nieta Siahni, quienes me hacen un mejor ser humano cada día.

A esos amores ausentes que han transcendido, (DEP); serán eternos en mi corazón mientras este tenga latidos. Reciban una dedicatoria especial porque veían en mi un talento que guardé. Creían en él más que yo misma, y no los pude complacer en vida.

Mi amada madre, Virgenmina (Mino)
Mi tía, Mamita Esther
Mi querido y mejor amigo, Eldin.

Prólogo

A través de la poesía, María del Pilar Reyes Rodríguez evoca aquellas memorias que nos llevarán por los parajes que fueron fuente transformadora en su vida. Su fuerza y sensibilidad muestran a una mujer con dos esencias cohabitando en ella. Ante páginas en blanco, con su bolígrafo en mano, ella te abrirá paso hacia sus dos almas para que las descubras en cada verso: comenzando por sus orígenes primigenios escritos en sus cromosomas, pasando por las raíces que la vinculan a su familia; su madre se vuelve el centro de esos arrullos que la calmaron en sus tiernos años y quien, con sus consejos, le enseñó a ser la mujer que es ahora. Cruza por las dudas existenciales, que le son motivo para buscar en su interior, hasta encontrarse de nuevo, muchas veces sintonizándose con la naturaleza que le rodea; la lluvia con la que se permite llorar y descargarse, la montaña, que no solo es un obstáculo entre ella y el éxito, sino, que ella misma es la montaña. Siempre en pie, sin importar las circunstancias, mostrándose abierta para recibir a cualquiera con todo el cariño que le es posible. La vemos enfrentarse, luego, al amor apasionado, que se ensombrece un poco ante la palabra secreto y en el que se impone la palabra prohibido. De igual manera, se batirá a duelo en un baile al son del amor y la nostalgia, intercambiando pasos con la pérdida, el dolor y los arrepentimientos. Sobre la pista de baile, que son sus versos, el orgullo y el silencio, se mantendrá en pie, con su corazón intacto y sus almas en armonía. Entre línea y línea, descifrarás que no solo te está versando sus vivencias, sino que está recreando aquellas palabras que nunca dijo: a aquellos amores que ya no están, a aquellos amigos que se perdieron, a aquellos que le son lejanos ahora por la distancia, a aquellos en quienes pudo más el enojo y el adiós no fue posible. A veces camina buscando redención, absolución de lo no dicho, a veces solo calmando la soledad que la asola, a veces solo en el afán de dejar ir para poder continuar. En otras, ella se mirará en su espejo, se verá con todas sus imperfecciones y cicatrices, se reconocerá en sus errores, se desarmará en sus tormentos, gritará en desahogo y romperá su espejo. Para después, en calma, recoger cada pedazo y perdonarse ante cada trozo. De esta manera, lo armará de nuevo, sabiendo que ya nunca será la misma, pero que ahora es más fuerte, determinada y completa. Se aceptó en cada fragmento y ya, amándose de nuevo, dejará atrás todo aquello que la lastimó.

Te invito a leer Mis dos almas; donde la nostalgia, el existencialismo y el amor convergen, entre dos fuerzas imparables que habitan en la autora. No hay duda que, en su espejo, te verás reflejado, y tal vez te topes con que, dentro de ti también hay dos habitándote.

Natalie A. Martínez Valles

Índice

Prólogo vii
Introducción: Mis dos almas 13
Reflexión: En la búsqueda de mi talento 17
Mis dos almas 29
Volver a ser feliz 30
Madre 33
Las niñas de mis ojos 34
Un poema 36
Lluvia de pensamientos 38
La montaña escribe a Olegaria 42
Amantes 46
Perdón 47
Eres inspiración 49
Callas 51
Esperanza 52
La tierra entre la luna y el sol (180 grados) 53
Llegada sin despedida 55
Amigo, a veces lloro 56
Infinito 58

Almas gemelas 60
Imaginando 61
Amiga amante 63
Una carta que lleva el viento 64
De la realidad escapando 67
Un mal necesario 69
Pobre corazón 70
Te invito luna 73
Tormento 74
Desahogo 76
Adiós, amor 77
Reflejo 79
Sin ti 81
Siglemas 575 83
LIBERTAD 85
POETAS 87
VIAJEROS 89
VIVENCIAS 91
SUEÑO 93
SILENCIO 94
EL BESO 96
MUJER 98
Biografía 99
Menciones especiales 101
Agradecimientos 103

Mis dos almas

¿Dos almas?

Comienzo por hacer referencia al título de este libro exponiendo mi sentir personal sobre el XX, que junto al XY, ambos, componen mi humanidad. Esos que, por ciencia, en mi parte física se llaman cromosomas y que son los portadores informáticos de la genética. Siento que forman a dos en mi ser, mis dos soplos de vida, mis dos almas, las mismas que conectan con otras siendo simplemente "yo". Conste, que lo que aquí expreso no tiene que ver con ninguna teoría científica. Mis expresiones provienen de un sentido figurado, que bien puede ser imaginario, a fin de transmitir un significado no literal, con un efecto más elevado.

Un hombre a quien amo (uno de mis amados hermanos), me dijo una vez sorpresivamente: —Yo tengo una mujer dentro de mí. —Lo miré y solo pregunté: —¿Cómo así? —A lo que él contestó: —Te lo aseguro, porque si estamos aquí es por tener una madre, aquí la llevo bien adentro.

Nunca he olvidado ese momento. No indagué o cuestioné su planteamiento, pero ahora tengo la madurez suficiente para comprenderlo mejor. Al paso del tiempo he percibido que mi hermano guarda una sensibilidad muy especial que le caracteriza; sin pretender establecer que otros hombres no sean sensibles, solo que, en mi hermano, muchas veces sus lágrimas son sumamente llanas, mostrando su XX sin temor a ser vulnerable. En mí, la fuerza de carácter se asemeja a mi padre, es marcado el XY que me aportó, sin que lleve a menos la sensibilidad propia de toda mujer, esa que viene de mi amada madre. Su afabilidad, sabiduría, empatía, honorabilidad, buen sentido del humor y picardía son gran parte de todo aquello que, con su XX, en mi ser acuñó.

Cuando se reúne la familia a celebrar la llegada de un nuevo miembro recién nacido, cada cual expresa su opinión: Se parece a su mamá, no, tiene los ojos del papá, la nariz de la abuela, sacó las orejas del abuelo, etc. En mi opinión, todos somos un compuesto de un poco de todo. Nuestro lado oscuro, la luz más clara, lo femenino y lo masculino, por naturaleza todo proviene de alguna dualidad: Lo profundo/lo superficial, el Yin/el Yang, adentro/afuera, frío/calor, arriba/abajo, derecha/izquierda, el bien/el mal, amor/odio, lo simple/lo complejo, causa/efecto. Es la dualidad intrínseca en toda nuestra existencia, desde que se nos regala la vida hasta que nos llega la muerte. Creo que el secreto está en alcanzar cierto balance, y todo en su justa medida. En este momento, trabajo arduamente por establecer dicho balance, con el fin de hacer de mi persona un mejor ser humano cada día, aceptando cada amanecer como una gran oportunidad.

Hasta mi último día honraré aquello tan significativo con lo que fui creada: el XX y el XY. Es por lo que somos seres únicos e irrepetibles. Percibo divinidad cuando mis dos almas interconectan con otras, forjando experiencias invaluables de mucho aprendizaje. A esto le llamo coexistir, crear vínculos, convivir. Es aún mejor, cuando el vínculo que nos une es ese sagrado poder, esa fuerza que estrecha lazos inquebrantables; el amor, muchas veces relegado o sustituido por diversas emociones, que en nada contribuyen a que rescatemos las virtudes propias de una humanidad equilibrada y mucho más despierta. Tengo la esperanza de que se pueden construir puentes en el momento presente entre el amor, la unión y la armonía para lograr mirar hacia un futuro con más estabilidad; tanto a nivel personal, como familiar y social. Te invito a intentarlo.

En la búsqueda de mi talento

¿Cuándo es el momento justo para llevar a cabo ese sueño incumplido? ¿Dónde encontrar el poder para concluir la búsqueda incansable de un propósito que permanece en cajones engavetado? ¿Cómo reconocer que la inseguridad muchas veces nos conduce al bloqueo mental y a la no realización? ¿Cuánto más tiempo podemos permitirle al miedo que nos paralice, que sea este el que nos impida llegar a alcanzar nuestras metas? He aprendido que no es el vivir sin miedo, sino, que es importante enfrentar todo aquello que lo provoque, adquiriendo así, el valor para vencerlo. En los enfrentamientos con mis miedos e inseguridades, utilizo la estrategia a la que yo llamo las tres E: Enfrentar/Empoderarse/Elevarse.

Quizás, absurdamente, alimentamos cierta cobardía para enfrentar los fracasos, tememos a los fracasos. Mientras ascendemos en la escalera hacia el éxito, si hemos de tropezar en algún peldaño, deberemos aprender a retomar los intentos; no una vez, sino otra vez, e insistir más allá de otra vez si fuese necesario. Es mi optimismo el que habla por mí. Por lo menos hoy, reconozco haber tenido todas estas preguntas, sin encontrar respuestas científicas probables más allá de toda duda razonable. En fin, siempre seré un poco incrédula, pero con apertura al entendimiento de lo que desconozco. Me ha costado tiempo entender que las respuestas no estaban en el exterior, están todas a mi alcance, dentro de mí. Toda vez que una encuentra y se enfrenta a tales respuestas, es posible superar las inseguridades junto a otras situaciones que se pueden superar. Debemos empoderarnos, para con ello combatir nuestros miedos y poder abrazar nuestra esencia. Encontrarse así mismo es encontrar el tesoro más preciado. Descubriremos nuestro propósito y los recursos para manifestarlo, en vías para disfrutar una vida comprometida. Ahora estoy consciente de que el aprendizaje y el crecimiento pueden ser un poco dolorosos, pero valen más las rosas que me brindaron su perfume en el camino, siendo sus espinas parte importante del proceso. Puede que yo aún tenga muchas otras preguntas, pero de seguro encontraré las respuestas que tengan más sentido para mí y contribuyan con mi crecimiento personal.

¿Será falta de estabilidad emocional, esa predisposición a ocultar nuestros sentimientos? Probablemente, suponemos que de esa manera evitamos la frustración de la no aceptación, incluso, quizás ocultemos nuestro sentir para salvarnos del rechazo.

Estas son, simplemente, mis opiniones, llamémosle pensamientos producidos por unas inquietas neuronas que intentan brindar respuestas a mis afanados cuestionamientos. Siempre será sumamente importante mantener en buen equilibrio el amor propio, sobre esto no tengo duda. Desde él disfruto de experiencias que permiten el que mis emociones sean mucho más estables y abundantes. Con ello sostengo una mayor apertura mental para lograr sostener relaciones más fructíferas y saludables.

Se vive una vida celebrando años cumplidos para comprender, en edad madura, que se pueden detener las agujas en un reloj, pero que el tiempo tiene su propia marcha con la que camina y camina sin detenerse jamás.

Concuerdo con lo establecido por Albert Einstein "el tiempo es relativo, dependiendo del estado de movimiento del observador", nunca quise pensar que se me hacía tarde para la conquista de mi sueño o que podría alcanzar la dicha plena de una misión cumplida. Creo en la perfección del tiempo divino, la confabulación de nuestro universo para alinearse con nuestra intención. Es en esa conspiración del todo con nuestro verdadero ser, cuando experimentamos la total armonía, la inigualable sintonía que nos eleva, que nos lleva a evolucionar y a fluir. Sólo entonces, surge la iluminación de un plan maestro que brinda vida a cualquier obra; grande o pequeña. No solo obras de arte, pues también existe el obrar bien, con buena fe, eso de hacer el bien sin mirar a quien. Esa gran obra, ha de ser un hermoso talento, uno entre los más sublimes de todos los dones. Todos tenemos un don, un regalo único hecho a la medida de cada individuo con el fin de desarrollarse y compartirse. El misterio está en examinarse profundamente para descubrirlo. Luego, más temprano que tarde, se dará la exposición a lo que llamó por igual la manifestación. Compartir con la humanidad esa inquietud que vibra muy dentro de nosotros y que se convierte en un grito que viene desde el alma exigiendo que se le permita aflorar, ese es tu talento llamando: para el pintor la pintura, para el cantor la canción, para el jardinero poder cultivar una hermosa flor. Existen tantos talentos y otros más serán creados y otorgados. Cuento con tres años de pregrado universitario, siendo más los dedicados a ser autodidacta. No exhorto con esto a la no educación, todo lo contrario. La educación siempre nos abrirá las puertas a más y mejores oportunidades. No tengo un grado universitario concreto, pero también me he despojado de limitantes maneras de pensar. ¿Que si soy poeta o escritora? Solo sé que al escribir soy yo misma en sintonía con el grito de mis almas. Aquí me inspiro para poder responder a su llamado.

¿Cuál es el motivo para la apertura y manifestación en esta etapa de mi vida? Porque opté en años previos a los que gozo ahora, a vivir sobreviviendo. Antepuse la vida laboral a poder estudiar literatura. Igual obtuve títulos por creatividad realizando otro tipo de obras; dónde existían terrenos baldíos, se construían estructuras en concreto levantadas donde antes nada había. Era algo que me llenaba de cierta satisfacción. El poder formar parte de tales creaciones, más allá de ser un talento era el pan de aquellos días, el sustento.

Mientras, vivía sintiendo un vacío que por muchos años solo lograba aliviar al brindar rienda suelta a la imaginación. Desde muy joven, a solas, me sentaba en cualquier lugar con un lápiz y papel en las manos, para escribir emociones; lo que percibía a mi derredor, igual que las cosas que imaginaba. Ahora, en la adultez, (antes de mi vejez), han sido pasiones, dulces y amargos amores los que he plasmado en papel, con letras danzando al acorde de una música con sonidos similares. Me he sentido contenta, pero muchas veces también incomprendida. Por encima de todo, está el que me siento feliz de poder crear con alguna rima algún sentimiento, con el que otras personas puedan sentirse identificadas. Sobre la poesía, conozco su efecto; que el leerla me acaricia el alma, mis dos almas, por lo que, para mí, es medicina. Que, al intentar escribir, describiendo mis emociones, provoco que estas se desborden, las exteriorice y las enfrente en un intento por sanar a la niña que a veces escucho llorar, la que siento llorar y quien utiliza mis ojos para verter sus lágrimas. Escribir es un aliciente para el amante corazón que late en este pecho, porque ve amor en todas las cosas; muchas veces castigándose a sí mismo fácilmente. "A sí mismo", porque nadie debería tener poder para castigarte o herirte, nunca se debe brindar ese poder a ninguna persona; jamás.

He desempolvado diarios, buscado papeles ajados por el tiempo, hojas escritas muchas veces con dificultad por las lágrimas que se asoman, esas palabras que he sentido presas. Encarceladas estuvieron las letras que en mí habitan, por muchas y vastas razones. ¡No más!

Al fin, decidí liberar el pensamiento, derramarlo cual tinta a través de mis manos, exponiendo y compartiendo con el mundo algo de mi sentir. Echar a volar emociones cautivas para que no mueran condenadas al silencio, peor aún, a que mueran conmigo. Ya para entonces, cuál será mi respuesta a la pregunta en la tan nombrada parábola... ¿Qué hiciste tú con el talento que te brindé? No quisiera tener que responder que lo guardé sin cultivarlo, desarrollarlo o compartirlo. ¿Qué dirás tú?

Les invito a buscar hasta encontrar, desarrollar y compartir su don, su talento, su sueño. De hecho, no tiene que ser un solo talento, se pueden tener un sinnúmero de estas bendiciones. Sobre todas las cosas, siempre agradecidos con aquel que nos bendijo. Entonces se nos instruye a que no deberían ser guardados, menos ocultarlos hasta cuando llegue nuestro día de marcharnos a ese otro plano llamado celestial.

Existen numerosos estilos que caracterizan a la poesía, pero igual dice un dicho: "No todo está escrito en piedra" y para defenderme, existe el poder versar libremente, un buen recurso sin la tendencia a ser mal utilizado. Mi último descubrimiento es el Siglema 575. Ese fue el estilo detonante que derribó las rejas de la prisión donde permanecía mi alma en cautiverio. Así me permití asomarme a este mundo infinito de las letras. Solo me acerqué tras una ventana abierta y apenas ahora me atrevo a cruzar el portal. Incluiré en estas páginas mis siglemas, anteriormente publicados en las antologías "Di lo que quieres decir", pero siempre preferiría expresarme libremente, sin tener que encasillar mis expresiones a estilos particulares, obviamente, sin faltarle méritos al arte.

¡Libre! Quiero saborear el dulce néctar de la libertad de expresión. Una constitución nos confiere ese derecho, al menos la que mejor conozco, la de ese sagrado lugar de donde vengo: una patria generosa donde tuve el divino privilegio de nacer, gracias a mis padres. Me refiero a Puerto Rico a la que llaman preciosa, mi amada isla, cuya constitución algunos quieren hacer más flexible cada vez.

Mejor me concentro en mi intención y no en la de

unos pocos. Para terminar el tema de tal derecho, hago hincapié en que dicha libertad también provee e incluye el no faltar a otros con nuestras palabras, opiniones o nuestros sentires.

Me declaro, simplemente, un ínfimo organismo viviente, parte de esta gran humanidad. En mi mundo, no concibo las fronteras, por tanto, soy capaz de adaptarme a la constitución de cualquier origen. Todo es cuestión de tiempo, lugar, espacio y respeto al prójimo. Aprecio cualquier destino a donde me lleven mis zapatos, igual a donde tenga que llegar descalza. Así es que, ninguna expresión u opinión muy mía, se debería percibir como una falta a cualquier creencia, menos, una ofensa a ningún semejante. Todos son mis hermanos.

No todas mis letras están basadas en mis propias experiencias, puede que haya algunas que surjan de alguna historia que alguien me contara alguna vez y mi empatía me llevase a sentir y hacer mío: su dolor, su tristeza, como también su alegría, sus pasiones o su placer.

Intentaré elaborar con palabras sencillas mis alocadas maneras para expresarme; con cierto atrevimiento, sin pretensiones, con mucha humildad, sin rencor, sin rebeldía. Me dispongo a conjugar los verbos para poder describir, por ejemplo: el sentimiento más puro, el amor; muchas veces imposible, las pasiones prohibidas y desatadas, la tristeza, la desilusión, las despedidas. En fin, todos esos sentimientos y emociones que nos humanizan. Escribiendo, intento lograr describir la magia, la dulzura, la belleza y el calor que guarda una mujer en las cosquillas de su íntimo ser. Dibujar en el aire la canción de un ave vespertina; ordenar los pensamientos y plasmarlos con melodías en rimas, sin faltar al respeto que se merece un gran soneto con su reconocida métrica.

Espero que aprecien lo que aquí comparto como lo que es, mi manera coloquial de llegar a ustedes, que conozcan este lado sensible de una mujer que ha reído, llorado, ganado y perdido. Quien muchas veces, siendo una rebelde aparentemente sin una causa, también ha amado en todas las formas posibles. Quien se ha paseado por los tantos laberintos de este viaje llamado vida, habiéndose descarriado alguna que otra vez, volviéndose a encontrar, sin sentirse derrotada ante ninguna batalla. He caído, pelado codos y rodillas. Me he sacudido y vuelto a levantar, muchas veces de la mano que me ha tendido una fuerza divina; mi amada y sagrada familia, algún amigo, también hasta algún desconocido tan humano como yo.

Tengo puertas abiertas para todo aquel que esté por llegar y entrar en mi vida, los recibiré con mucho amor y un corazón vestido de fiesta. En un abrazo fraterno, se han de abrazar con las suyas, mi humanidad y **Mis Dos Almas.**

Mis dos almas

Ellas danzan enlazadas,
son mi esencia
formándose equilibradas.
Obtenidas en herencia,
por mis padres otorgadas.

Me reafirmo en la creencia,
que dos conforman mi ser.
No contradigo a la ciencia,
es innata inspiración
convertida en renacer,
sin crear afanada controversia
con alguna otra ponencia.

Desde fecundada hasta hoy,
mis dos almas conmigo palpitan,
por lo que existo y puedo decir que soy;
son la vida misma, fluyen y transitan.

Volver a ser feliz

La felicidad es aprendida,
desde la unión junto a una matriz.
Y entonces,
por aquel dolor profundo
fuimos lanzados al mundo...
se nos regaló la vida.

Hoy paseo por mis recuerdos;
aquella infancia de mis años primeros.
La familia grande,
la casa chica, por la madre sostenida;
quien proveía la comida,
nuestro pan de cada día.

Un padre ausente, entregado a la embriaguez,
jugaba nuestro sustento proveyendo la escasez.

En aquellos años austeros,
precediendo nuestros distintos senderos,
el amor materno nos arrulló.

Su seno nos alimentó,
con su sabiduría nos orientó,
con singular fortaleza a luchar nos enseñó.

Los tropiezos, las caídas;
son males de los cuales
me levanto mucho más fortalecida.
El amor, el desamor,
las experiencias fallidas,
los caminos sin salida,
la sociedad establecida de ideas preconcebidas.
En mi alma, cicatrices
por lecciones que han dejado mil heridas.

Fue un antes, ahora es...
despertar, vivir y superar las contradicciones;
es salir de la pobreza sin riquezas adquiridas.

Hoy, por las alegrías, me siento bendecida.
Por las tristezas, agradecida.
Los triunfos los celebro solo en su justa medida.

Los fracasos son retos para escalar sin huida.
Al universo pido guía al sentirme confundida,
descubriendo el renacer a una vida bien vivida.

Todo a vivir nos inspira, nos motiva...
hasta que nos llegue el último día,
somos en la vida el aprendiz,
entender que no importan las batallas,
ganadas o perdidas,
no se renuncia a la esperanza de volver a ser feliz.

Madre

Madre nuestra que estás en el cielo,
santificado sea tu nombre.

Ante las puertas del cielo que te guardan,
te brindo una serenata.
Te llevo conmigo a diario,
tu amor de mí no se aparta.
Lo llevamos en el pecho, cual si fuese relicario.
Tus memorias, tu sonrisa; nos abrazan.

Nos sembraste cual raíces,
hermanados vástagos
que pariste con tu estirpe.
Tronco de mujer;
madre buena, amada fuiste.
Nos arrullaste en tu ser,
en tu vientre nos tuviste...
doce como los apóstoles
con diferentes matices.

Las niñas de mis ojos

Amor es una palabra sencilla,
que guarda tanta alegría, por igual llanto.
El llanto es el primer aliento de un niño al nacer.
Asomando al mundo para ser y crecer.
A los ojos de una madre, perfecta maravilla.
Amor puro convertido en encanto.

Alguna vez llamé a mi hija,
"La niña de mis ojos", en un poema.
Hoy, son mis ojos los que le ven transformada en mujer, en
madre; se abrió como una rosa para su florecer.
Ofrendó a la niña, que a mis ojos y al corazón regocija.
Parí generación, sin pena. Genes que serán emblema.

Mi hija Loraine y mi nieta Siahni,
son las que muy a pesar, de mis penas o quebrantos,
llenan mis días de luz y amor con afanada paciencia.
Vida, como amor, son palabras sencillas,
en ambos, cuentan más las alegrías que los llantos
y la fortaleza ante la desavenencia.
En el jardín de mi amor, son germinadas semillas.

Mis dos almas las aman,
las abrazan y abrazarán siempre,
pues son de ellas; continuada descendencia.

Un poema

Un poema acercándose a mí...
viene con lentos pasos.
En sus brazos me arrulla,
seca en mis ojos las lágrimas por los fracasos.
Dicta indolentes palabras que al oído murmulla.

Poema que ante mí se desnuda.
¡Que lo escriba! ¡Que lo acaricie! Exige.
Llega extraviado porque perdió a Neruda.
Después de él, no concibo tocarte, me aflige.

Él, te hizo el amor, te dibujó en poesías.
Poema, en sus manos fuiste amado,
en papeles desplegado...
yo, amarte así, no podría.
No sé de versos, no me quedan besos, ni caricias.

Busca otro amante
que te lleve del brazo a las antologías.
Algún poeta te colmará de alegrías,
te brindará sus manos, te amará sin herejías.

Quedarás por siempre en un versar plasmado.
No seré yo, no soy poeta,
soy un loco con el corazón lastimado.

Lluvia de pensamientos

Se escucha el golpe estruendoso
del trueno que retumba,
a su vez, estos climas dejan en mi ventana,
afuera y adentro, gotas en lágrimas...
las nubes las agolpan, este es un tiempo lluvioso.
Escucho, aprecio, aguanto maravillada,
en estas rimas
que no me brote un sollozo.

A lo lejos veo los rayos majestuosos.
Divino conjunto acompaña a esta noche.
La naturaleza es mágica,
se nos muestra con derroche.
Apreciarla más... debemos cuidarla,
ser con ella celosos.

Regalos que nos brinda,
como un buen padre a sus hijos;
benevolente, consentidor,
así como el padre, todo poderoso.
De nosotros protector.

Están los que, en su nombre,
solo hablan de los castigos.
No entiendo muchas veces los mensajes religiosos;
hablemos de conservar,
no tildar a los demás solo de pecaminosos.

Amo la naturaleza,
esos regalos hermosos que ofrece nuestro creador,
nos ama muy a pesar...
que seamos caprichosos, sin honrar ser bondadosos.
Lluvia se nos da para que podamos a la tierra cultivar.

Miro las gotas caer; reflexiono,
medito en rezos gloriosos.
Pido a nuestro padre que su paz podamos alcanzar,
que alumbre su bendición
a los que estamos dormidos
para poder despertar.

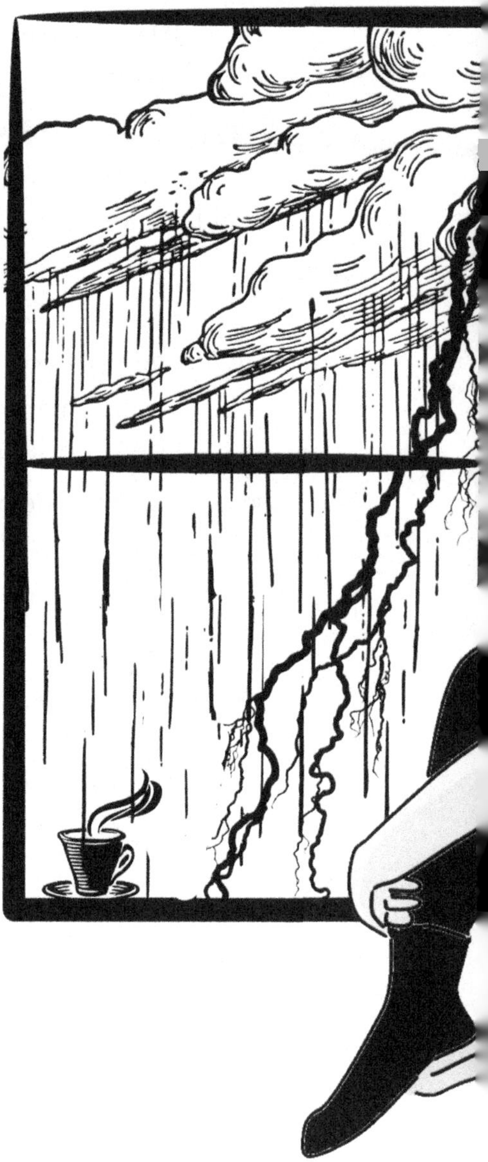

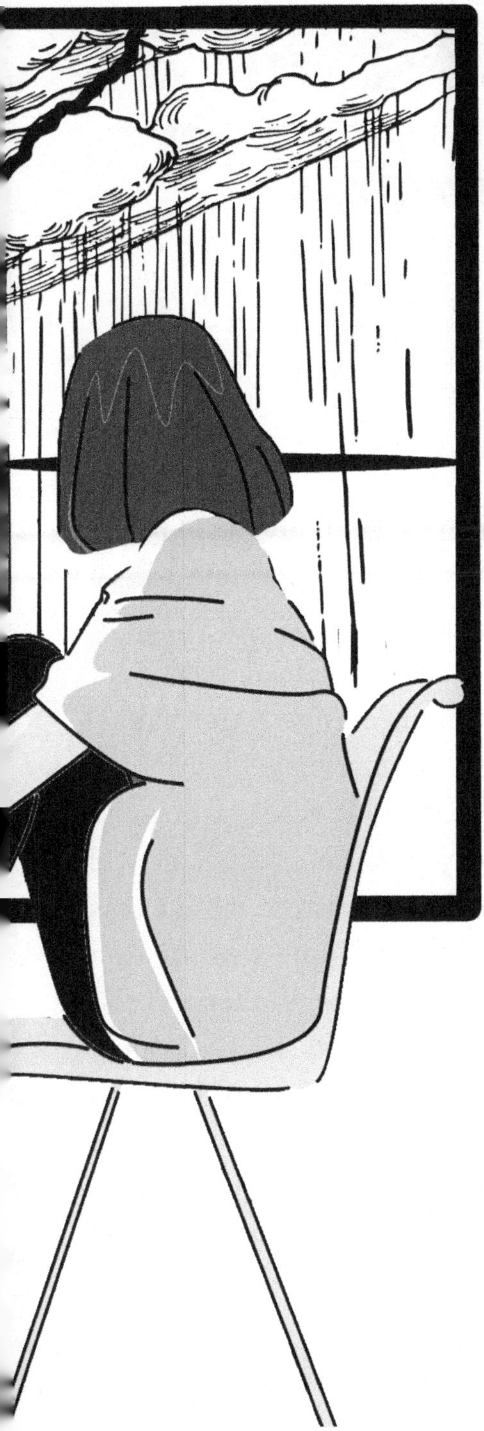

La montaña escribe a Olegaria

Amantísima Olegaria, te escribe la montaña. ¿Por qué viniste un día sin quedarte? ¿Por qué no has mirado atrás a ver lo que dejaste aquí? Si supieras...

Las flores en mi suelo no han querido florecer esta primavera; dicen que, si no están tus ojos para apreciarlas, no desean mostrar su belleza a alguien más. El árbol del amor, aquel que te dio sombra cuando la necesitaste, tiene hoy más ramas para cobijarte mejor. El árbol de la alegría, el que estaba inclinándose hacia el de la tristeza, no querrás ver, totalmente se ha inclinado hacia el que siempre está triste. Se ha metido en sus raíces para intentar llenarlo con su contentura y ver si así lo podía ayudar, pero se le hizo difícil, pudo más la tristeza. Ahora ambos lloran, intentando consolarse uno al otro. Pasa entre ellos ese río de lágrimas, que a veces es seco y otras veces inundado, arrasa con todo a su paso, pero también llevándose de frente todas las amarguras. Ahí las lleva arrastradas en su corriente, hasta desembocar en ese mar salado que, desde aquí, veo. ¿Recuerdas el árbol de los abrazos? Ese anda de brazos caídos; solo, abrazando la nada. El de los besos, ese que pensabas era venenoso, (te equivocabas), dice que sus besos son solo para ti, está con sus labios fríos y sellados. La planta de la paciencia, aunque ha crecido, la pobrecita es tan frágil que se ha dañado por una enredadera llamada espera. Esa enredadera en calma aguarda; siempre quejumbrosa de que está cansada de tanto esperar, esa me desespera. Se pone muy difícil a veces, no encuentra qué hacer y anda enredándose en todo. El árbol del tiempo camina sin parar, otras veces corre de un lado a otro, un poco perdido y muchas veces se detiene a pensar; dice que solo piensa en ti. No le creo. Lo envié a confesarse ante el distante árbol de la verdad a ver si eso es cierto. El árbol de la pasión, junto al de las ansias; se encuentran bastante mustios, ambos pálidos, creo que solo tú podrías venir a regarlos para poder revivirlos... no sé si habrá algún otro remedio para el mal que les aqueja. Los más frondosos, esos que con cada día van echando más raíces; el de la esperanza junto al de la paz, esos árboles hermosos, los mantengo y guardo como el centro de mi todo. Son los que brindan calma y aliento a lo demás, evitando así que todos mueran.

¿Qué se dirá de mí, qué será de esta montaña, si muere lo que en mí habita? Quedaría convertida en un desierto, me libre Dios de tal calamidad.

Aquella brisa que peinaba tus cabellos ya no tiene aliento, ni sabe a dónde soplar. La lluvia que me mojaba y mantenía todo bien regado, se ha convertido en gotas ácidas, las desconozco, ya dulces no son, me saben mal, es como si estuvieran enojadas. No dudo que pronto se conviertan en tormenta. Todos saben que desde que viniste y te marchaste has ido por caminos que tienes que recorrer. Vino una paloma mensajera a contar las historias. No te pierdas en los laberintos de tus caminos; tus pensamientos, tus dudas.

Tú sabes bien que, en tu paseo por aquí, aunque encontraste una que otra espina, tus manos cultivaron rosas. Nadie más me vistió con tan hermosos colores. Yo, a cambio, te brindé sombra; calor de hogar con sentido de pertenencia, te sentías como en casa estando aquí... bailaste en mis laderas, cuando las aves cantaban para ti. Siempre te miré, cuando hacías fiestas para aliviar tus angustias; se notaban en tus ojos, en tus ratos, donde mirabas al cielo llorosa con tus plegarias. Aquí pudiste reír, tuviste uno que otro día de amor y de paz, dormida en mi suelo. Si está en nuestros destinos que nuevamente pases por estos cerros, para que vuelvas a caminar mis sendas, que sea el divino y el universo quienes nos conduzcan a tan maravilloso encuentro. Si decides regresar, soy fácil de encontrar. Mira hacia atrás por un breve momento y me verás de pie, aún no muere lo mejor de mí.

Si algún día necesitas sosiego; y estando lejos no encuentras lo que buscas, tendré de todo en abundancia para ti. Luego, si tu deseo es marcharte hacia otros horizontes para siempre, no lo hagas sin despedirte, como hiciste la última vez. He despejado mis caminos, los he limpiado por si decides regresar, y al fin puedas apreciar la belleza de las cosas, pero esta vez desde mi cima, amantísima Olegaria.

Ven y quédate en el apacible aroma que te circundaba cuando estabas aquí.

Me contó un cuento, la paloma mensajera... que habla la gente por allá, por esos otros caminos; que alguna vez, otra visita se supone vendría por aquí, y que, de no venir a mí, yo saldría a buscarle. Nada menos cierto. Por aquí no se ha visto, no ha venido y si hasta ahora no viene, que ya no venga. A buscarle no fui, ni iré; de aquí no me he movido, ni me moveré. Creo que le llamaban Mahoma, a la supuesta visita; algo así. Me gusta más tu nombre, aunque suene rimbombante. Tú y yo sabemos porque con él te bautizaron.

Mi lugar está aquí, donde espero tu llegada, con los caminos abiertos.

Paloma, diligente mensajera, ve y entrega esta carta urgente; si encuentras, a la amantísima Olegaria.

Att. La Montaña

Amantes

En tu piel nueva encontré el sendero
hacia el placer dormido de tu vientre.
En tu caudaloso río,
calmé la sed que marchitaba a estos labios
que ya no son rosados,
marcadas muescas dibujan, mis años y el hastío.

En tu suave caricia
sentí renacer los deseos muertos,
mustios en mis adentros.
Fue tu abrazo refugio en las horas prohibidas
de nuestros secretos encuentros,
de abrazos a escondidas,
devorándonos de prisa,
antes del regreso a nuestras ilusorias vidas.

Perdón

Corrí hacia ti
cuando apenas tropezaba al caminar.
Me atrapó tu frenesí,
aquello que confundí, entre el querer y el amar.

Es de locos el soñar...
hoy reconozco lo que de ti necesito;
que toques tu corazón, que me puedas perdonar,
eso que pude decir y también lo mal escrito.

Nos juramos amor infinito
a los pies de la pasión;
en mi corazón va escrito
el pecado de omisión.

Por no obtener tu perdón,
son las dudas compañeras;
cuando a solas, en mi rincón,
es mi anhelo que estuvieras.

Que mi abrazo consintieras
como abrazaría a un hermano.
Vivo entre añoranzas y quimeras,
en espera de que comprendas
que errar es de todo humano.

Eres inspiración

Intenté un día describir a la gota de lluvia,
comparándola quizás, con una lágrima.
A la noche componer,
eres del soñador su amiga íntima.
Me inspiré en una rosa,
en sus espinas presentí que me quedaría.
A ti mi amor, te describo, musa de toda mi poesía.
Besaste de mí a la mujer,
iluminando a la poeta.

Hablo con tu silencio, te veo brillar en ausencia,
te veo bailar entre mis letras,
ellas reclaman tu presencia.
Mirarme en tus ojos es entrar
a los confines de un nuevo y oculto planeta.

Te declaro inspiración de mi ternura
porque tras esa coraza, rocé tu alma pura.
Al desnudar tu amor, ha renacido mi arte
en los senderos de tu piel, a mis manos las guiaste.

De una poeta, otra persona creaste;
capitana y timonel.
Tú, al desnudo bajo un tul;
yo, tímida sin mirarte...
si conozco hasta tu talle,
bien pudiera dibujarte.

Es un lienzo mi memoria,
aquí estás para quedarte.
En mi poesía giras, cual si fueses una noria...
intento escribir poemas, porque no puedo olvidarte.

Callas

Tus palabras, tu sentimiento,
no se pronuncian, enmudecen.
Los conviertes en lamento,
en lágrimas que a tus ojos humedecen.

De no hablar, hay algunos que padecen,
Tú, ni señas gesticulas, haciendo mínimo intento.
No valoras las palabras, siendo dichas, enternecen.
Estas mías, cual si las llevara el viento.

Siendo tuyas, para mí, serian sustento.
Ausentes de mí, no se compadecen,
las escucho, habitan el pensamiento.
Otras ajenas... a mi sentir entorpecen.

Permite a tu corazón, a tu alma que se expresen.
Desahogando vencerás tu cruel tormento;
de tus labios verás flores que florecen,
lograrás claridad, dirás verdad desde tu conocimiento.

Esperanza

En mi piel siento aquel verano ardiente,
en la distancia, hoy en tus ojos me pierdo.
La lluvia humedeciendo mi recuerdo
de aquel beso robado tiernamente.

Aquellas caricias hacen a mi piel doliente.
Al desearte, sin evitarlo, los labios remuerdo.
Estoy con la razón en desacuerdo.
Disuelta en el aire, tú, llama ausente.

Te posaste en otro nido, ave herida.
Yo con la vida he perdido
por apostar en su juego retorcido,
de trampas y laberintos sin salida.

Ansiándote, consumida en este fuego
con la fe que no está perdida...
esperando a que regreses de tu huida
miran mis ojos al cielo,
rodillas al suelo en un solemne ruego.

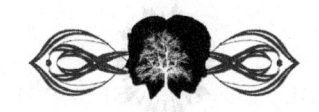

La tierra entre la luna y el sol
(180 grados)

Plenilunio 2020

Nuestra tierra está inquieta,
esta noche te ilumina la luna majestuosa,
en plenilunio estará la hermosa
con esa única y perfecta silueta.

Nuestro alumbrado planeta tiembla,
allá en mi amado Puerto Rico.
Desde la costa, hasta su más alto pico,
la sacudida a quien duerme le despierta.

A mi gente el corazón se les aprieta,
no hay quien aguante el jamaqueo.
El gobierno continúa en su traqueteo,
malgastando para subir en la encuesta.

Entre pandemia, sismos, así también un cometa,
no hay quien haga predicciones...
en unas quizás virtuales y timadas elecciones;
ninguno habrá de cumplir con aquello que prometa.

Llegada sin despedida

La vi asomar un día sin que el destino advirtiera.
En aquella primavera brotó
de entre las flores, la más bella.
Ella fue la lluvia que a mi piel vistiera.
Alumbró mis noches, me iluminó una estrella.

La miel de su panal se quedó en mi boca,
ese dulce amargo es sal en la herida,
dolor que estremece, que al llanto provoca.
Vivo entre recuerdos desde su partida.

Vino frágil, temerosa y afligida...
no mostré sensatez, solo quise amarla,
sin saber si se sentía comprendida.
No medí palabras, logré hiriente lastimarla.

Me la trae el viento; vuela en el vuelo de algún ave.
Le abrazo en mis sueños, en mi pecho dormida;
al amanecer, un ruiseñor con su canto suave
me trae en él su voz, su risa...
y vuelve a sonreír mi vida.

Amigo, a veces lloro

¡Feliz Cumpleaños!
A la diestra del divino padre.
A mi amado amigo, Eldin
03/28/2022

Cuando los recuerdos golpean
a esta memoria olvidadiza e incauta,
que, junto al tiempo, a los buenos boicotean
e intentan borrar a quien tanto nos falta.

¿Sabes? Tengo amigos nuevos y los nuestros.
Te cuento, que se necesita una iluminada vida
para poder convertirnos, como tú, en maestros,
de los que enseñan amando con un alma desprendida.

Esa, tu peculiar sonrisa, tu amistad, tu humildad;
no se imitan, se protegen y se cuidan.
En mis días tristes, tus ocurrencias asoman, motivan.
Continúas adoctrinando desde tu eternidad...
que aquel que siembra amor, jamás le olvidan.

A veces lloro al sentir el vacío de tu hombro.
Escucho en la brisa tu consejo: "No llores, amiga;
eres fuerte, desde aquí te veo y me asombro."
Es tu cumpleaños, me inspiro en ti, llorar obliga.

Amigo mío, aún soy fuerte, afligida si te nombro.
Eldin, hay ausencias, que el llanto no mitiga.

Infinito

Te has convertido sin duda en inolvidable,
en un ardiente pensamiento, un infierno.
Nuestra historia pintaré indeleble
con letras desplegadas en un nuevo cuaderno.

Musa inspiradora, bebí de tu fuente inagotable,
enjugaste los versos plasmados en este diario.
Sueño, que ahora percibo inalcanzable
al tornar las hojas de mi viejo calendario.

Este fuego me consume inextinguible,
porque necesito fundir tu alma con mi alma.
Hacer de nuestras ganas lo tangible
para sellar eterna nuestra calma.

Eres ese recuerdo que apacible
llevaré tatuado en la memoria,
aunque en esta, eres un imposible...
Te amaré en otras vidas, más allá de la gloria.

Dices en enojo que ya no es mi piel apetecible.
Oprimes tus ansias mudas, sedientas de pasión.
Ocultas, siendo opresora, tu verdad inadmisible...
soy tu amor infinito, eres para mí, imprescindible:
de mi corazón, su latido; a mi locura, su razón.

Almas gemelas

Dos almas, que diferentes,
el destino ha conjugado.
En un amor prejuzgado,
se entregaron las amantes.

Se tatuaron en la piel
tantas caricias prohibidas,
entre idas y venidas
giran cual carrusel.

Hoy se miran desde lejos
lamiéndose las heridas,
a la vida juzgan cruel,
mirándose en sus espejos.

Cobardes, sin intentar ser valientes,
al olvido se entregaron.
Se tornaron inconscientes
cuando a su amor,
junto a sus dos corazones,
entre rejas condenaron.

Imaginando

Te busco en el insomnio
de esta trémula noche.
Busco tu sueño, que antes fue mío;
es mi gemir un derroche...
loco, mudo, con el que grita mi hastío.

Mi agitado latido golpea estremecedor;
desde mi ser brotan deseos cual torrente.
En mis manos el calor,
como río se hace corriente
derramando mi pudor.

¡Ay! Amante ausente,
si tu alma se fundiera con la mía...
bebería tu ser, te haría el amor tiernamente
con toda intención e inocente alevosía,
despertando tu deseo dormido e inapetente.

Te abrazan mis vacíos brazos,
a falta de ti, se secan mis labios.

Reparo este corazón hecho pedazos,
desafiando los presagios;
más es inútil, pues vive atado al tuyo
por fuertes y estrechos lazos.

Amiga amante

Te vi llegar, como llega la primavera
después de un frío invierno.
Ladrona de mi aliento desde la palabra primera.
Palpitó mi corazón en un latido tierno...
Hoy eres ese fuego que presiento eterno;
me quemas, eres pasión convertida en hoguera.

Mis ansias por tenerte crecieron cada día.
Mirarte sin poder tocarte fue un castigo.
Luego de imaginarte, tras larga travesía,
por fin estabas conmigo; yo, a solas contigo.
Entre besos y caricias al placer dimos abrigo,
a tus brazos me brindé y por igual te sentí mía.

Eres un sueño, fantasía hecha realidad.
Te dibujo en mis noches con un invisible pincel.
Recuerdo tus ojos, en su brillo pude ver con claridad.
A tu boca se tendieron las ansias de mi ajada piel.
Iluso corazón mío, ahora te jura ser fiel;
enmascara su sentir, lo disfraza de amistad.

Una carta que lleva el viento

Lleva viento esta misiva, sabes dónde está su destino, ya te lo he confesado alguna vez.

Alejándome de la ironía y los juegos de palabras... necesito expresar con mucha seriedad lo que me oprime...

Dios te permita, algún día, disfrutar de las cosas simples de la vida y que son las que Él nos regala y no tienen precio, que tienen un valor incalculable. Es simple: levantarte en las mañanas, colocarte una flor en tus cabellos, saludar el nuevo día como si fuera el primero de una vida nueva diseñada solo para ti y aprender a vivirla intensamente, así de simple. Dios te proveerá de la suficiente sencillez para que no te gane el orgullo, la soberbia y la prepotencia. Más que nada, es mi más humilde deseo que te bendiga concediéndote prudencia y evites así, el tener que brindar disculpas innecesarias, (sabiendo yo de antemano que pedir disculpas es algo difícil para algunas personas como yo). Un diálogo de la película "Love Story", dice: "Amor significa nunca tener que decir lo siento". Espero puedas encontrar dentro de tu corazón, entre todo lo que guardes allí, (amor, paz, sabiduría) y veas que es en tu corazón que debes reservar amor, bien cuidado, para quien lo merezca y hasta para quien no lo valore, también. Todos necesitamos amor. Igualmente, es necesario obtener el perdón y aprender a perdonar, es una virtud encomiable, honorable. El amor nos permite tratar al prójimo con el respeto que también esperamos recibir, amar abiertamente no nos hace menos, por el contrario, nos glorifica.

Si me he confundido o equivocado, ruego desde lo más profundo de mi corazón, que me perdones, y si no puedes perdonarme, solo me restará lamentarme el resto de mis días. Gracias por honrarme con tu amor y tu amistad.

La amistad es una de esas cosas que parecen simples, y a la misma vez, algo compleja. Suele confundirnos muchas veces. Soy amante de las cosas simples, igual las aprecio mucho, las guardo como si fueran un tesoro. Cosas simples que atesoro y son mis riquezas: mis libros, flores secas dentro de algunas páginas, conchas de caracoles que recogí a la orilla del mar, amores que llevo tatuados, fotos viejas, que, al mirarlas, algunas arrancan pícaras sonrisas, otras me hacen llorar. Entre otras cosas: aquello que mis ojos han mirado, como el color de las flores, las gotas de lluvia, los árboles, las sonrisas que me brindan los demás. En fin, así de simples son los tesoros para mí, cosas simples que, en su fondo, no lo son tanto, pues las memorias que algunas de esas simples cosas traen consigo pueden provocar cierta nostalgia. Muy a pesar de todo, continuaré en mi afán de ver el amor, la belleza y la razón de ser de todas las cosas.

Los pasados días; las risas compartidas, la picardía de algunos momentos, los encuentros y desencuentros, ya son recuerdos que atesoro.

Independientemente de las circunstancias, de quien eres tú y cómo eres; quién soy yo, cómo soy o esta bolita llamada mundo que gira inclinándonos y lanzándonos por caminos distintos, la vida y sus encrucijadas; quiero que sepas, que celebraré con mucha alegría el que nos hayamos encontrado por esta vereda, en esta vida. Si no volviese a verte en esta, será un hasta luego, nos vemos en la próxima. Todos somos almas, y estas trascienden.

Dios te bendiga, que se mantenga vigilante de tu felicidad y tu bienestar.

Simplemente,

Yo

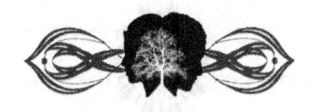

De la realidad escapando

Soy caminante de mi propio sendero,
célula viva que siente y respira.
que vibra, llora, ríe con esmero
por ese amor que a mi poesía inspira,
porque amo su calma, perderle no quiero.

Aquel que con un beso primero;
tibio, entre dulce y salado;
robado, me salvó del destierro,
del abismo que yo misma había cavado.
Abrió su madriguera en primavera,
brindó su corazón, lo dio entero.

Amor lejano por un otoño deshojado,
por un frío invierno congelado.
Mientras su aroma,
una canción en el recuerdo,
le mantengan abrazado,
jamás se consumirá la llama de la pasión,
encendida en noches de un verano acalorado.

Tiempo, eres de la vida compañero,
dicta a mi corazón consejos sabios.
Que el viento susurre los miles "te quiero",
cuando veo en el sol la sonrisa de sus tiernos labios.

Yo, por ser mal jardinero,
ajé los pétalos de una hermosa;
no volverá a iluminar el jardín
como lo hacía: graciosa, bella, jubilosa.
De esta historia, anunciado llegó el fin...
amor entre mi corazón y la más preciosa rosa.

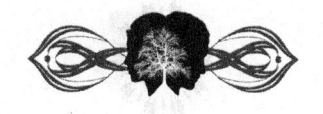

Un mal necesario

Nunca llegó lo que ansiosa esperé;
tu suave palabra sin que me juzgue o acuse,
ver un gesto tierno, amable, dulce.
Hoy te carcome saber que de ti me apartaré...
ahora nunca sabrás lo que de ti me seduce.

¿Hacia dónde mi camino conduce?
No lo sé, quizás a volar aprenderé.
No fue suficiente lo poco que te propuse,
con paso lento de tu vida marcharé
porque mi sentir, malestar en ti produce.

Pido a Dios que nuestras sendas,
en el camino no cruce.
En mi cofre de recuerdos, como joya te tendré.
Mi corazón guardaré para que nadie lo abuse.
De acero lo vestiré, así le castigaré;
ciego, sombrío, a sus ojos vendaré.
Su puerta, para tu mal... llena de candados luce.

Pobre corazón

Para mí eres solo silencio,
no te nacen los te quiero.
¿Para quién, quién los compra con dinero?
Me diste despedida sin aviso; aquí evidencio.
Yo esperé más de ti, ya nada espero.

Lo que vale a tu existir tarde lo comprendí:
lo vacío, material, vano, superficial.
Para ti, nada tuvo de especial
los latidos que te di,
pobre corazón, sangró bajo tu puñal.

Un día comprenderás
que lo que hoy te huele a rosas,
no son emociones, son cosas.
En soledad pagarás,
con ella te vestirás en tus noches,
aunque sean glamorosas.

Como un ciego busqué,
mas no alcancé a mirar tu alma,
pero me siento orgullosa
de haber amado a una hermosa,
aunque jamás la pensé
como mujer pretenciosa.

Tu futuro será oscuro,
nunca verás claridad.
Cambiar oro por quien brindó su bondad
te hará vivir tras un muro.
Venderás tu humanidad, sin amor,
pero sí con vanidad.
Tus alas recogerás, quebrantada mariposa,
volar ya nunca podrás,
mientras que yo, muy honrosa,
para amar, abrazo mi libertad.

Confío que existe la que no será ambiciosa,
vendrá hermosa, perfumada con verdad.
En mi corazón, odio tú no sembrarás;
opto pagar con bien, a quien obre por maldad.

Mi amor es grande, fue para ti; ya no más.
¿El tuyo? El sueño que no pudiera comprar.

Me haré eterna al esperar que un día mires atrás
porque en el bolsillo tengo solo amor para ofrendar.

Eso que para ti hoy, nada ha de significar;
un día estarás a solas y mi abrazo extrañarás.

Te invito luna

La visión destinada del amor que se acaba.
Por tu brillo alumbrada la esperanza desmayada.
Acompáñame hoy, ven y duerme en mi cama.
Eres cada noche la única invitada.

Baña el oscuro de un alma que desanda
con sus ansias desbordadas.
Quiere hallar consuelo,
que no humedezcan la almohada
las lágrimas derramadas.

La sombra que trajo el sueño lo anunciaba...
inadmisible el adiós de la amada.
Te invito luna llena de luz iluminada,
acude a encender la lumbre
que ella ha dejado opacada.

Tormento

Soy solo los despojos de un alma atormentada.
El miedo me acecha, las dudas me encarcelan,
mi corazón se esconde tras los velos del desamor,
sin poder verter una lágrima por un adiós.

En la sombra se oculta el secreto entre dos
que han jurado amarse, sin que lo sepa el mundo.
Sus únicos testigos: el brillo de la luna y Dios.

El olvido se asoma, tocando las puertas
cerradas por el tiempo que el reloj marcó.
En la ausencia del abrazo,
se anhela aquel beso que un día se dio.

Hasta el día de un regreso,
me consumen las ansias
por lo que una vez se tuvo
y en la nada se perdió.

Despojada de alma;
me entregaré en pasiones,
para enterrar sinsabores, sin amor.
Me perderé en los vicios sin razones,
mordiendo recuerdos, más allá del dolor.

Desahogo

Tu ser guarda calor desenvuelto en humedad.
Saciaste mi sed de amarte con temor,
pero tus ojos, tu voz... ya me gritan soledad.

Quisiera abrazarte, que sientas mi abrigo,
mas hoy descubrí lo que es tu triste verdad;
que no eres feliz conmigo, dudas de mi lealtad.

Nuestros caminos cruzamos en tiempo de tempestad.
Un beso que apresuramos nos llevó a la intimidad.
Culpemos a la pasión que ciega con su crueldad.
Nos perturbó la razón, se ensañó con el amor,
sigilosamente, llena de frivolidad.

Pretendí llegar a tu corazón;
dibujarte mil sonrisas, ser luz en la oscuridad.
Por la torpeza de herirte, alumbré tu decepción.
Cabizbajo, a tus pies, el desahogo pide piedad.

Adiós, amor

Despedida que hiere ineludible;
dichas mis palabras, estas te envenenan.
Por nombrarte la irascible; ¿sufres?
Quien sufre es aquel que quiere,
ya mis faltas me condenan.

Si te hubiese escrito poemas
declamando sentimientos,
declarando puro amor sin dilemas,
no guardaría usted tan duros resentimientos.

Se ha ido según va el viento
que acaricia y luego se aleja.
Solo le tuve un momento;
dijo adiós sin un regreso.
Solo dejó un frío beso,
besándose con mi queja.

Estrella, te veo en el firmamento,
no supe brindarte calma.

Vivo con el desaliento
de haber sido una tormenta
que arrasa y todo desalma.

Espero que me recuerdes
por la ternura en mi abrazo.
Que en tu corazón me guardes,
como cuando fui feliz,
suspirando en tu regazo.

Reflejo

Cuando te mires en él,
habla con tu espejo y dile:
No señales las arrugas en mi piel.
Ella también tiene sus abriles;
me ve más allá de esta superficie,
no piensa que sean mis años inútiles,
con sed ella bebe el mar de mis ojos azules.

Solo pretende con sus caricias sutiles
hacer palpitar mi corazón;
de mis besos robar miles,
dedicarme una canción,
hacerme el amor en calma,
hacer suyo mi cuerpo
para llegar a mi alma.

Reta a tu espejo, dile: ¡Mírame!
A verme te obligo, te digo...
ella es la sonrisa que perdí.

¿Ves? Ahora en mi rostro la llevo conmigo;
es el nuevo día que vi
entre mis días más oscuros.
Con un beso suyo, su abrazo y abrigo,
construyó un castillo con las ruinas de mis muros.

¡Mírate al espejo!
Dile, que hacerte mía quisiera...
si tu miedo no existiera,
a esta experiencia primera.

Yo, a mis ansias las contengo.
Siento cruel la larga espera
para mirarme en tus ojos
y en los míos, ver pudieras.
Guardo de ti lo que tu beso consintiera.
No he de borrar tu recuerdo,
aunque el mundo lo exigiera.

Sin ti

Retomo mi vida, la que contigo compartí.
A mi corazón lo vestiré de fiesta
para ocultar que, junto con él sufrí.
Gracias tiempo, tuve la razón que te pedí.
Ya ese corazón, de ti, enamorado no está,
quédate con lo que resta.

Te amé, yo toda me di, ahora lloras con tu pena...
junto a los recuerdos; aquella playa desierta
bañándonos de su sal, secándonos con su arena.
Vivirás por ellos presa, esa será tu condena.
Voy del ensueño despierta, mirando al sol renací.
Hoy te veo acompañada, vas ajena,
caminas pretendiendo ser feliz sin mí.

En digna hora, alejarme decidí.
Volátil ilusión, saboreaste lo dulce que te ofrecí.

Fuiste a cantar a un distinto lugar,
como hace el colibrí;
da volteretas, pica la flor y se aleja.

Si ves en esto alusión, verás que;
de ser flor, paso a ser un duro roble,
frágil no fui, no decaí.

Aquí te dejo estos versos, con ellos me despedí.
Que seas muy feliz.
Retomo mi vida, sin ti.

Siglemas 575

Definición de Siglema:
El vocablo Siglema proviene de la conjunción "sigla y poema". Consiste en poesía minimalista, que es la tendencia a reducir y simplificar, ir a lo esencial y más puro.

Un siglema 575 es un poema que se escribe a base de las letras de la palabra o palabras que definen su tema y que constituyen su título, el cual queda representado en mayúsculas, como una especie de acrónimo. Cada estrofa posee tres versos, de los cuales la primera palabra del primero debe comenzar con la letra correspondiente a la sigla que le toca. La métrica es 5-7-5, con rima libre. Por su naturaleza acrónima, las diferentes estrofas deben poder funcionar independientemente como un poema autónomo que trate el tema en cuestión, y en conjunto, como parte de un poema de varias estrofas que gire alrededor del mismo tema. En un siglema 575 hay tantas estrofas como letras posea el título. (Patricia Schaefer Röder, siglema575.blogspot.com)

Uno de los recursos más utilizados en la construcción de los siglemas es la sinalefa, que es la unión de la vocal o vocales finales de una palabra con la vocal o vocales iniciales de la siguiente, de modo que forman una única sílaba tanto a efectos fonéticos como métricos.

Los siguientes Siglemas han sido publicados en las antologías: "Di lo que quieres decir", que son el producto del Certamen Internacional Siglema 575 " Di lo que quieres decir" celebrado anualmente. Aquí les facilito los años de publicación y las páginas donde pueden encontrarlos.

LIBERTAD (mención de honor) .... Antología 2017/P.24
POETAS .... Antología 2017/P.64
VIAJEROS .... Antología 2018/P.130
VIVENCIAS .... Antología 2018/P.131
SUEÑO .... Antología 2019/P.110
SILENCIO .... Antología 2020/P.126
EL BESO .... Antología 2021/P.175
MUJER .... Antología 2022/P.71

LIBERTAD

Los pacíficos,
como esclavo en cadenas;
viven atados.

Implacable es,
quien sostiene las llaves;
sin abrir puertas.

Benevolencia,
liberar por honestas,
alma y conciencia.

Erguido vuela;
alas de terciopelo
tienes, mi pueblo.

Recorre el cielo,
recobra tus anhelos;
isla de ensueño.

Tormentas vendrán;
enarbola bandera, y
suelta tus velas.

Abrázate al mar,
que te circunda en olas;
besa tus playas.

Dios te bendice,
de frente a la alborada;
libre, mi patria.

POETAS

Padres para obras,
que indómitas y altruistas;
declaman su ser.

Odas célebres
cantan con melodía;
sus poesías.

Enhorabuena
expongo pensamientos,
para estos fieles.

Talentos sin fin,
pues ríen; gritan, lloran,
se desahogan.

Amordazado,
muchas veces el sentir;
fluye al escribir.

Soles que brillan;
e iluminan las almas,
dándoles vida.

VIAJEROS

Vamos; venimos...
como átomos dispersos,
universales.

Ilusos; tal vez,
nómadas sin causa o fin
de almas inquietas.

Andando sendas,
enterramos tristezas,
trazamos sueños.

Jinetes ciegos
montados a galope
sobre la vida.

Empecinado
busca nuestro corazón,
algún destino.

Remando mares
besamos atardeceres,
mañanas frías.

Osados somos;
en éxodo, con vías
hacia la nada.

Soberbios con fe,
llegamos a la vejez
a edad temprana.

VIVENCIAS

Viento del norte,
cruel afliges mi alma
entristecida.

Inapetente
de caricias, despierto
adormecida.

Vivir amando,
un amor fugaz, al cual
mi ser no olvida.

Enloquecida;
cegada por su ausencia,
me sentí hundida.

No perdono yo,
a quien presente miró
mi triste vida.

Consciente aprendí;
contemplo el amanecer
de un nuevo día.

Irradiando paz
mi rostro; en mis labios
una sonrisa.

Aunaré fuerzas,
reviviré las ansias
que escondí muertas.

Simplemente, este
corazón ha de amar...
a puerta abierta.

SUEÑO

Sueño algún día
conquistar tus espacios,
rozarte el alma.

Ungirte con miel,
endulzando tu boca,
dormirme en tu piel.

En un abrazo
fundiéndome contigo,
ser tu regazo.

Ñoño tu cuerpo,
se tornará gracioso,
tierno, amoroso.

Ostento el placer
de soñarte despierta,
en mi amanecer.

SILENCIO

Sordo enmudece,
cuando otras voces gritan
se internaliza.

Ilusionista
al brindar fiel caricia
con cruel sonrisa.

Luce sereno
ante lo inevitable
vive sin prisa.

Estremecedor
vacío que aniquila
consume y hastía.

No se pronuncia
no tolera denuncia
por su osadía.

Callado confín,
cofre de fantasías,
ira y alegrías.

Inoportuno es
lenguaje no utiliza
quieto medita.

Otorga razón,
esconde dudas, verdad
malicia e intrigas.

EL BESO

Es tierno el besar.
alivia algún deseo,
dulce cual la miel.

Labios húmedos,
ansiosos buscan de otros,
su roce sentir.

Beber sedienta
de tu fuente quisiera
besando tu ser.

Esta ladrona
te habrá robado un beso,
una que otra vez.

Sublime, íntimo
compartir entre amantes
que sellan su amor.

Ocultó Judas
traición, con ósculo vil,
a Jesús vendió.

MUJER

Musa divina;
liberada y cautiva.
Dulce nodriza.

Ulula en partos
para parir dolientes
tu útero y vientre.

Jerarca en su hogar;
madre para sus críos
en ti me inspiro.

Enternecida
en tu seno das amor
regalas vida.

Rosa del jardín
que Dios sembró; es única
principio... sin fin.

María Del Pilar Reyes Rodríguez,

nació en Coamo, Puerto Rico, el 9 de abril de 1962. Residiendo allí en años subsiguientes durante su etapa temprana, junto a sus padres y 11 hermanos. Cursó tres años en la Universidad Interamericana Recinto de Ponce, P.R. Es una Inspectora de Propiedades certificada de forma vitalicia en "NACHI", por sus siglas en inglés (National Association Of Certified Home Inspectors). Su vida laboral trascurre como colaboradora de diversas compañías dedicadas a la infraestructura fuera y dentro de su natal Puerto Rico, antes de tomar la decisión de radicarse en Estados Unidos en el año 2012, donde reside desde entonces. Recientemente obtuvo un diploma de posgrado en Inteligencia Emocional y Psicología Positiva en "Aprende Institute". Paralela a su vida laboral siempre sintió una gran inclinación hacia la escritura de poesía, dedicándose a ello de manera íntima y muy personal, hasta motivarse en el año 2017 a participar en el certamen de poesía minimalista "Di lo que quieres decir" celebrado en Puerto Rico anualmente; alcanzando una mención de honor por su siglema 575 "Libertad" y a su vez pasa a ser incluida y publicada, junto a otros distinguidos escritores en la antología producto de dicho certamen. Hasta el presente ha continuado su participación anual, logrando ser escogida y publicada en los últimos seis años (2017-2022). Con plena entrega, María Del Pilar Reyes Rodríguez, nos comparte en este, su primer trabajo totalmente de su autoría, parte de sus siglemas y sus íntimos poemas que la consagran como una excelente escritora y una gran poeta.

Menciones especiales

Familia... siempre están todas las veces para regalar sus especiales abrazos, entre las idas y los regresos de mi espíritu nómada y libre; quienes celebran mis ocurrencias, quienes de una manera u otra me han inyectado el valor necesario para llevar a cabo esta gesta a la que yo llamo un desafío, una gran hazaña; abrirme y compartir lo que considero "puede" que sea mi talento.

Mis amigos, mis cómplices, que sería de mí sin haber experimentado tan hermosos encuentros, celebrado con ustedes tantas tertulias, embriagándonos de carcajadas en una que otra noche de bohemia. Siempre unidos por un genuino, profundo e inmenso cariño imperecedero, sin importar tiempo o distancia. Juntos hemos sobrevivido, como sobreviven los camaradas en sus trincheras. Tanta gente buena y amorosa que me ha hecho sentir amada. A mis tantos amores, fuentes de inspiración, muchas gracias por sus muestras de amor. Todos nos hemos encontrado en este camino por alguna razón.

Por doquiera que voy, a todos los llevo conmigo, los que están y a los que ya se han ido. Igualmente, agradezco infinitamente a las personas que aportaron sus conocimientos, poniéndolos a mi disposición con mucha dedicación. Sean bendecidos y multiplicados sus talentos. Gracias por creer en mí y no soltar mi mano en el camino.

Agradecimientos

Siento una infinita gratitud por las personas que han colaborado para que mis dos almas, al fin puedan manifestarse en este trabajo escrito.

Patricia Schaefer Röder, escritora, traductora literaria, poeta y editora de Ediciones Scriba NYC Soluciones Lingüísticas Integradas. Gracias, Patricia, porque eres un ser humano inspirador, luz iluminadora y faro guía en el camino de muchos. Tu creación, Siglema 575, liberó las letras que por largo tiempo mantuve en cautiverio.

A la diagramadora de esta obra, gestora de Publicaciones Librélulas, Natalie Ann Martínez Valles. Escritora, poeta y autora del poemario "Contradicciones de una Loca casi Cuerda". Si todos los locos tuviéramos tu cordura, el mundo sería uno mejor, sin duda alguna. Guardo muchas de tus contradicciones y pertenezco a tu "fan club" de locos casi cuerdos. Tu humildad y visión son invaluables. Gracias por tu paciencia y la confianza depositada en mi propuesta.

A mi querido amigo, Héctor Torres Pérez, maestro retirado del Departamento de Instrucción Pública de Puerto Rico, pintor e instructor de pintura, gracias por permitir que tu maravillosa obra de arte ilustre la portada de este libro. En tu obra percibo que es el momento para levantarse, no continuar sentada, encasillada, a oscuras, sino que es el tiempo perfecto y divino para elevarse por sobre los miedos, escogiendo brillar, como brillan los colores que nos rodean.

Que la fuente divina continúe derramándose sobre los talentos que todos poseen, manifiestan y comparten.

Eternamente agradecida,

María del Pilar Reyes